29 Mai 1908.

marque PN

Collection du Dr C. H. N... [Neumans]

TABLEAUX

ANCIENS

[illegible] DE H. S[illegible]TTINER

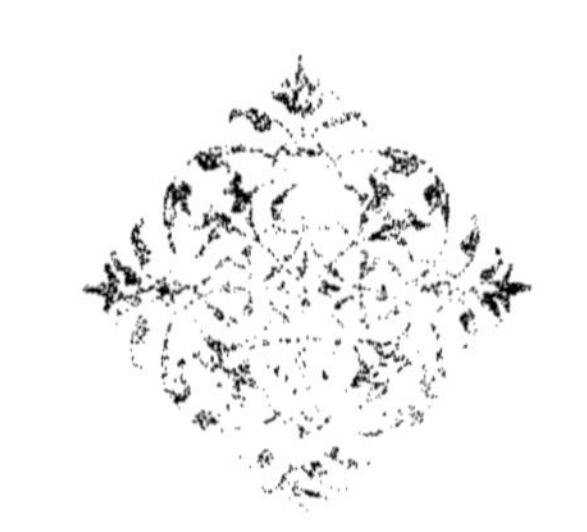

Collection du Dr G. H. N...

TABLEAUX ANCIENS

CONDITIONS DE LA VENTE

Elle sera faite au comptant.

Les adjudicataires paieront *dix pour cent* en sus du prix d'adjudication.

Paris. — Imp. Georges Petit, 12, rue Godot-de-Mauroi. — 18800-08.

CATALOGUE

DES

Tableaux Anciens

PAR

BACHELIER, F. BOUCHER, BREUGHEL, CHARDIN
DANLOUX, DESPORTES, G. FLINCK, J. VAN GOYEN
HÉDA, HEINSIUS, HONDEKOETER, LARGILLIÈRE, N. MAAS
Mlle CONSTANCE MAYER, J. METSYS, PATER
RIGAUD, HUBERT-ROBERT, ROSLIN, J. RUISDAEL
RYCKAERT, SANTERRE, TISCHBEIN
TOURNIÈRES, J.-F. DE TROY, C. VAN LOO
VESTIER, ETC., ETC.

Composant la

Collection du Dr G. H. N...

Portrait de femme, par CARLE VAN LOO

Appartenant a M. X...

ET DONT LA VENTE AURA LIEU A PARIS

HOTEL DROUOT, Salle N° 6

Le Vendredi 29 Mai 1908, à 2 heures 1/2

COMMISSAIRE-PRISEUR	EXPERT
Me F. LAIR-DUBREUIL	M. JULES FÉRAL
6, rue Favart, 6	7, rue Saint-Georges, 7

EXPOSITIONS

PARTICULIÈRE : *Le Mercredi 27 Mai 1908, de 2 heures à 6 heures.*

PUBLIQUE : *Le Jeudi 28 Mai 1908, de 2 heures à 6 heures.*

Désignation

COLLECTION DU Dr G. H. N...

Tableaux Anciens

ALLAIS

École française, XVIIIe siècle.

1 — **Portrait d'homme.**

Assis dans un intérieur, en habit bleu ouvert sur un gilet de brocart, il écrit sur une table bureau.

Signé et daté : *1749*.

Toile. Haut., 89 cent.; larg., 71 cent.

Cadre en bois sculpté.

BACHELIER

(JEAN-JACQUES)

Paris, 1724-1806

2 — **L'Hallali.**

Trois chiens sont aux prises avec un cerf tombé à terre.

Toile. Haut., 1 m. 35; larg., 1 m. 84.

BALEN

(HENRI VAN)

Anvers, 1575-1632.

3 — **Diane et ses Nymphes.**

Elles sont représentées au bord d'un cours d'eau, armées de piques et accompagnées de chiens. A gauche, une nymphe est dans les bras d'un faune.

Bois. Haut., 46 cent.; larg., 36 cent.

BEEST

(SIBRAND VAN)

La Haye, 1610-1674.

4 — **Les Marchands de poissons.**

Un homme chargé d'une hotte, une femme avec un panier sur la tête, cheminent sur une route, portant du poisson. Un chien court après eux.

Dans le fond, un village aux maisons délabrées, une charrette et d'autres personnages.

Bois. Haut., 54 cent.; larg., 68 cent.

BOL

(FERDINAND)

Dordrecht, 1616-1680.

5 — **Portrait d'une artiste.**

Représentée en buste, en corsage verdâtre décolleté, les cheveux blonds, la tête inclinée sur la droite, tenant un marteau d'une main et de l'autre un ciseau, elle sculpte une tête de pierre.

Toile. Haut., 63 cent.; larg., 49 cent.

BOUCHER

(FRANÇOIS)

Paris, 1703-1770.

6 — Le Petit dénicheur d'oiseaux.

Un petit garçon blond, les cheveux bouclés, en culotte et veste roses, gilet bleu, tient dans son chapeau une nichée d'oiseaux. Un chien se dresse contre lui.

Carton de tapisserie.

Toile. Haut., 40 cent.; larg., 32 cent.

Cadre en bois sculpté.

BOUCHER

(Atelier de)

7 — L'Espiègle.

Un jeune paysan chatouille avec un épi de blé une jeune fille endormie sur un tertre.

Toile. Haut., 52 cent.; larg., 46 cent.

BREUGHEL

(JEAN, dit DE VELOURS)

Bruxelles, 1568-1625.

8 — Paysage avec cours d'eau et figures.

Bois. Haut., 42 cent.; larg., 55 cent.

BREUGHEL

(JEAN, dit DE VELOURS)

9 — La Moisson.

Des moissonneurs sont réunis au centre, à l'ombre de grands arbres, prenant une collation.

Au second plan, d'autres personnages sur une route bordée de champs de blé.

Bois. Haut., 48 cent.; larg., 69 cent.

BRIL

(PAUL)

Anvers, 1556-1626.

10 — Portrait présumé de l'artiste.

Assis devant un chevalet sur lequel sont posés un paysage, une palette et des pinceaux, coiffé d'un chapeau gris, un col blanc rabattu sur son pourpoint, il pince du luth.

Toile. Haut., 69 cent.; larg., 75 cent.

CHARDIN

(JEAN-BAPTISTE-SIMÉON)

Paris, 1699-1779.

11 — Un Lion de pierre.

Peinture en grisaille imitant un bas-relief.

Toile. Haut., 82 cent.; larg., 1 m. 10.

COYPEL

(École d'ANTOINE)

12 — **Le Jugement de Pâris.**

Toile. Haut., 91 cent.; larg., 88 cent.

DANLOUX

(HENRI-PIERRE)

Paris, 1753-1809.

13 — **Portrait de Lenoir, architecte.**

Les cheveux bouclés et légèrement poudrés, en habit marron ouvert sur un gilet jaune, il est assis sur une chaise et accoudé sur une table de travail, où l'on remarque des plans, un compas, des règles, et tient un porte-crayon à la main.

Signé à gauche.

Toile. Haut., 72 cent.; larg., 60 cent.

DELYEN

(JEAN-FRANÇOIS)

Gand, 1684-1761.

14 — **Portrait d'un officier.**

En cuirasse avec la croix de Saint-Louis, longue perruque bouclée, une cravate de mousseline noire sous le menton, il est représenté à mi-corps sur un fond de ciel

Toile. Haut., 80 cent.; larg., 64 cent.

Cadre en bois sculpté.

DESPORTES

(FRANÇOIS)

Champigneul, 1661-1743.

15 — **Fruits et gibier sous la garde d'un chien.**

1.500 [handwritten]

Au premier plan, sur le sol, un lièvre, des perdreaux, une gibecière et un chou.

Plus loin, sur une pierre, un panier de prunes et de figues, deux pêches et des abricots. A droite, un chien assis.

Fond de paysage.

Très beau tableau de l'artiste.

Signé et daté.

Toile. Haut., 76 cent.; larg., 90 cent.

Cadre en bois sculpté.

DUYNEN

(ISAAC VAN)

École hollandaise, XVIIe siècle

16 — **Poissons et coquillages.**

Raies découpées dans un plat, tranche de saumon, huîtres, le tout posé sur une table.

Bois. Haut., 40 cent.; larg., 70 cent.

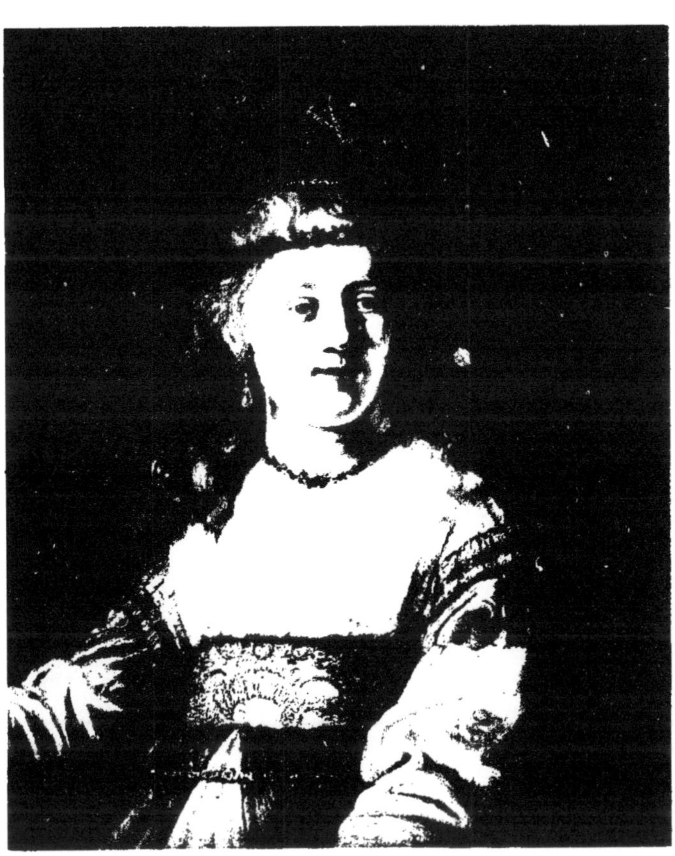

FLINCK

GOVERT

Clèves, 1615-1660

17 — **Portrait de Saskia.**

Elle est représentée à mi-corps, assise dans un intérieur, portant une robe brodée d'or, un voile de gaze sur ses cheveux blonds bouclés et ornés de feuillages.

Toile. Haut., 70 cent.; larg., 54 cent.

GOYEN

(JEAN VAN)

Leyde, 1596-1666.

18 — Vue de Hollande.

Des chaumières entourées d'arbres s'élèvent au bord d'un cours d'eau où l'on remarque des bateaux. A droite, des vaches dans un pré. Dans le fond, un pont de pierre traversé par trois personnages.

Bois. Haut., 41 cent.; larg., 63 cent.

HÉDA

(GUILLAUME-NICOLAS)

Harlem, 1594-1678.

19 — **La Desserte.**

Des citrons, un gâteau, sur des plats d'étain ou dans des compotiers de faïence, des verres de vin, une coquille de nacre avec monture d'orfèvrerie, sont réunis sur une table.

Signé à droite et daté : *1661*.

Bois. Haut., 52 cent.; larg., 67 cent.

HEEN

(DAVID DE)

Utrecht, [illegible]-1683.

20 — **Fruits et crustacé.**

Des raisins, des pêches, des prunes, des abricots, des nèfles, des noix sont posés sur une table de pierre ou dans un compotier de faïence, près d'un homard.

Toile. Haut., 55 cent.; larg., 77 cent.

HEINSIUS

(JEAN-JULES)

Weimar, 1740-1812.

21 — **Portrait présumé du Comte d'Artois.**

A mi-corps, tourné vers la gauche, il porte un habit de velours rose, orné du grand cordon bleu et d'autres insignes.

Toile de forme ovale. Haut., 76 cent.; larg., 62 cent.

HOET

(GÉRARD)

Bommel, 1648-1733.

22 — **Thomyris.**

La reine des Scythes fait plonger la tête de Cyrus dans une outre de sang.

Signé à droite.

Toile. Haut., 54 cent.; larg., 63 cent.

HONDEKOETER

(MELCHIOR D')

Utrecht, 1636-1695.

23 — **Poule et poussins.**

Une poule blanche abrite de ses ailes sa jeune couvée. Deux poussins sont montés sur le bord d'une terrine d'eau, devant une palissade.

Toile. Haut., 50 cent.; larg., 58 cent.

JEAURAT

(ETIENNE)

Paris, 1699-1789.

24 — **Le Pressoir.**

Des vignerons sont réunis dans une grange, autour d'un pressoir de bois. Les uns tournent une roue, d'autres dorment au premier plan. Dans le fond, des femmes regardent le vin couler dans une cuve.

On lit à droite : *E. Jeaurat peint son pressoir de Bourgogne en 1767.*

Toile. Haut., 63 cent.; larg., 80 cent.

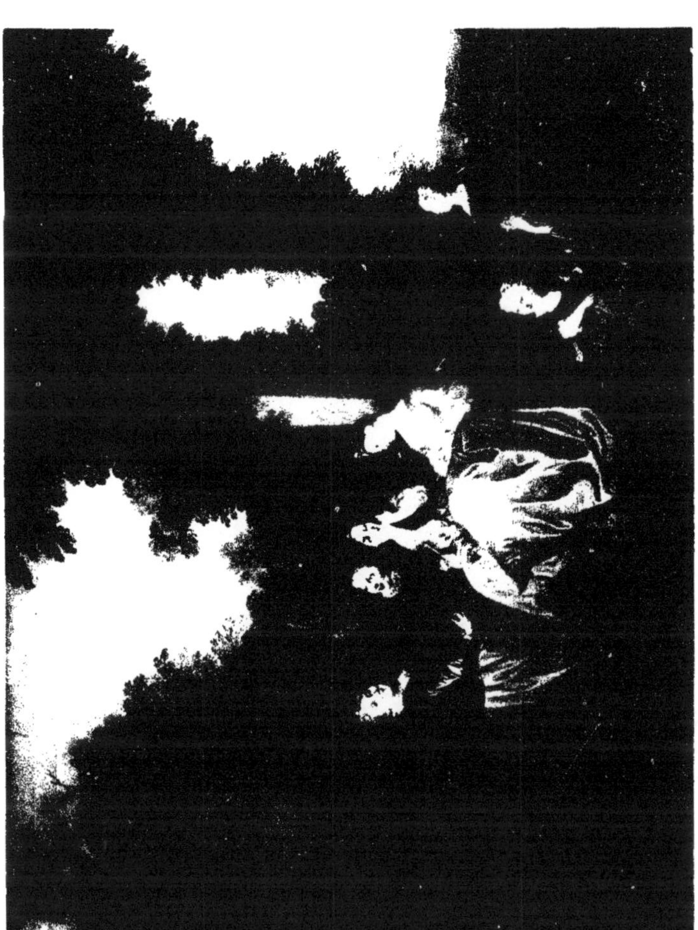

LANCRET

(Attribué à NICOLAS)

25 — Le Repos dans le parc.

Des jeunes femmes et des gentilhommes sont réunis dans un parc, les uns assis sur un banc de pierre: une dame en jupe jaune tient une guitare sous le bras. Au second plan, un jeune homme debout montre une statue dans une niche derrière un buisson.

A droite, deux fillettes.

Toile. Haut., 62 cent.; larg., 78 cent.

Cadre en bois sculpté.

LARGILLIÈRE

(NICOLAS DE)

Paris, 1656-1747.

26 — Portrait de femme.

A mi-corps, de trois quarts à gauche, les cheveux bouclés sur le front, elle porte une étoffe de soie marron, drapée sur son corsage de velours amarante.

Fond de paysage avec colonnes.

Toile de forme ovale. Haut., 78 cent.; larg., 62 cent.

Cadre en bois sculpté.

Collection Mniszech.

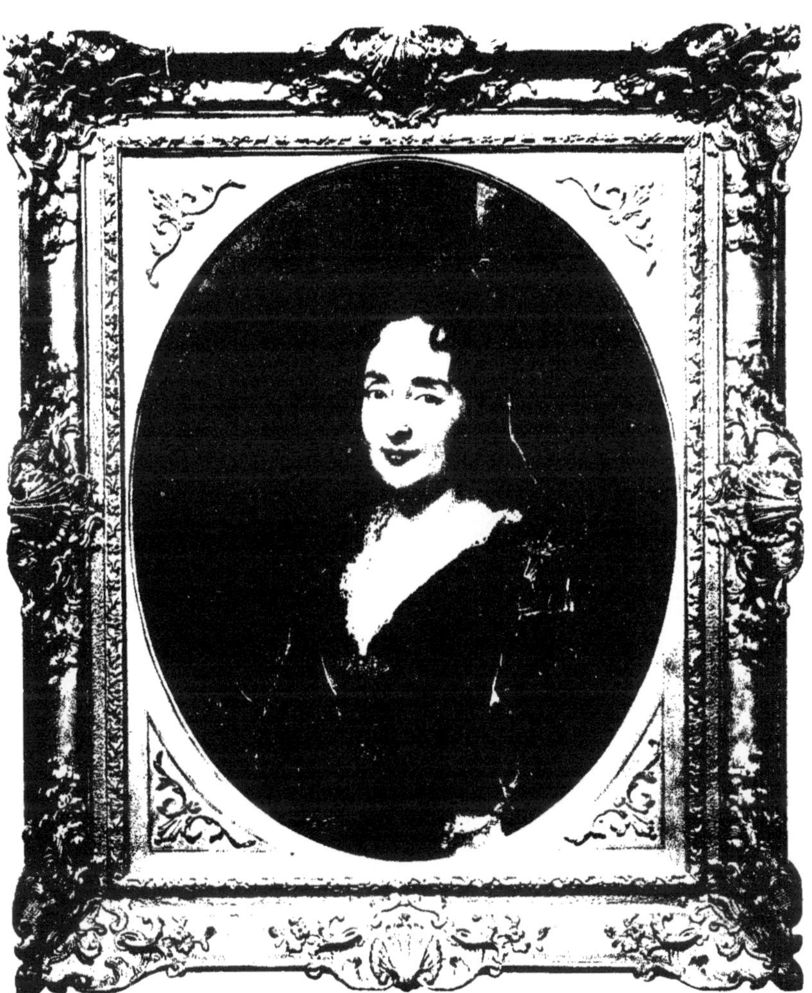

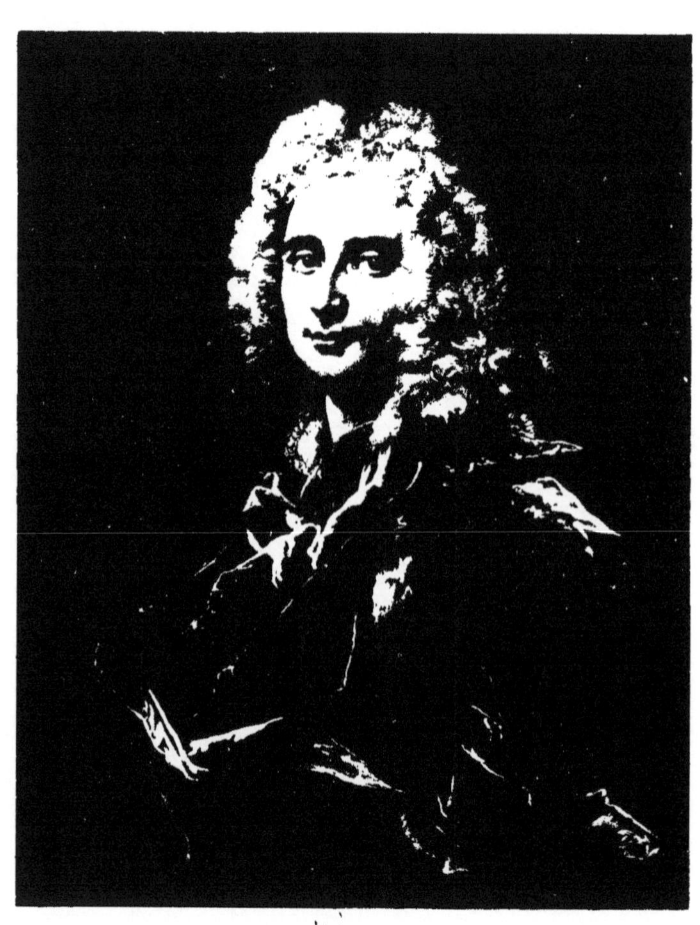

LARGILLIÈRE

(NICOLAS DE)

27 — Portrait d'homme.

Vu à mi-corps, tourné de trois quarts vers la gauche, une longue perruque bouclée et poudrée tombant sur le dos, un ruban de soie vert dénoué sur le cou, il est enveloppé d'un manteau de velours rouge.

Fond de paysage.

Toile. Haut., 80 cent.; larg., 64 cent.

Cadre en bois sculpté.

LEFEBVRE

(CLAUDE)

Fontainebleau, 1632-1675.

28 — **Portrait d'un officier.**

En longue perruque blonde bouclée, tombant sur les épaules, il est revêtu d'une armure et représenté dans un médaillon de forme ovale.

Toile. Haut., 68 cent.; larg., 52 cent.

LEFEBVRE

(CLAUDE)

DEUX PENDANTS

29 — **Portrait de la Marquise de Salernes.**

En buste, tournée vers la droite, les cheveux blonds bouclés, elle porte un corsage noir décolleté orné de guipure.

Toile de forme ovale. Haut., 63 cent.; larg., 51 cent.

Cadre en bois sculpté.

LEFEBVRE

(CLAUDE)

PENDANT DU PRÉCÉDENT

30 — **Portrait du Marquis de Salernes.**

En buste, il porte une écharpe blanche sur une armure.

Toile de forme ovale. Haut., 15 cent.; larg., 12 cent.

Cadre en bois sculpté.

LIOTARD

(JEAN-ÉTIENNE)

Genève, 1702-1788.

31 — La Tourière.

Assise devant une table, les mains croisées tenant un trousseau de clefs, coiffée d'un béguin blanc, elle porte une robe violette avec un fichu de mousseline. Une croix d'or pend sur sa poitrine : un livre est posé près d'elle sur la table.

Toile. Haut., 58 cent.; larg., 46 cent.

MAAS

(NICOLAS)

Dordrecht, 1632-1693.

32 — Portrait de femme âgée.

Elle est représentée à mi-corps, un voile sur la tête couvrant une coiffure ornée d'une chaîne de perles, un collier d'orfèvrerie pendant sur la poitrine, un manteau doublé de fourrure posé sur les épaules.

Toile. Haut., 68 cent.; larg., 56 cent.

Cadre en bois sculpté.

MACHY

(PIERRE-ANTOINE DE)

Paris, 1722-1807.

33 — Les Laveuses.

Elles sont réunies au bord d'un cours d'eau, devant un palais en ruine.

Toile. Haut., 35 cent.; larg., 45 cent.

Cadre en bois sculpté.

MARTIN

(JEAN-BAPTISTE)

Paris, 1659-1735.

34 — Prise d'une ville.

Des cavaliers combattent à l'entrée d'une ville, dont les constructions s'étagent dans le fond.

Toile. Haut., 54 cent.; larg., 70 cent.

MAYER

(Mlle CONSTANCE)

Paris, 1778-1821.

35 — Portrait de femme.

Vue à mi-corps, tournée vers la gauche, le visage presque de face, les cheveux bouclés sur le front, elle est coiffée d'un bonnet de mousseline avec nœuds de rubans blancs et porte une robe de soie marron.

Toile de forme ovale. Haut., 63 cent.; larg., 52 cent.

MEER

(JEAN VAN DER), dit le Jeune

Haarlem, 1656-1705.

36 — La Visite à la bergère.

Un paysan, monté sur un cheval blanc, regarde une bergère assise devant une chaumière et gardant un troupeau de bœufs et de moutons.

Toile. Haut., 50 cent.; larg., 63 cent.

METSYS

(JEAN)

Anvers, 1509-1575.

37 — **Saint Jérôme.**

Il est représenté dans une grotte, un manteau vert drapé sur le torse nu, tenant un crucifix.

A gauche, une tête de lion.

Bois. Haut., 84 cent.; larg., 63 cent.

MIGNARD

(École de)

38 — **Portrait de femme en Diane chasseresse.**

Debout dans la campagne, les cheveux bouclés, une écharpe blanche nouée sur sa robe de couleur lilas, elle tient un arc. Un chien l'accompagne.

Toile. Haut., 1 m. 06; larg., 74 cent.

NATTIER

(Atelier de)

39 — **Portrait de jeune femme.**

Elle est représentée en source, vêtue de satin blanc, assise sur un tertre et accoudée sur une urne d'où s'échappe de l'eau.

A droite, des roseaux.

Fond de ciel.

Gracieux portrait décoratif.

Toile. Haut., 98 cent.; larg., 78 cent.

Cadre en bois sculpté.

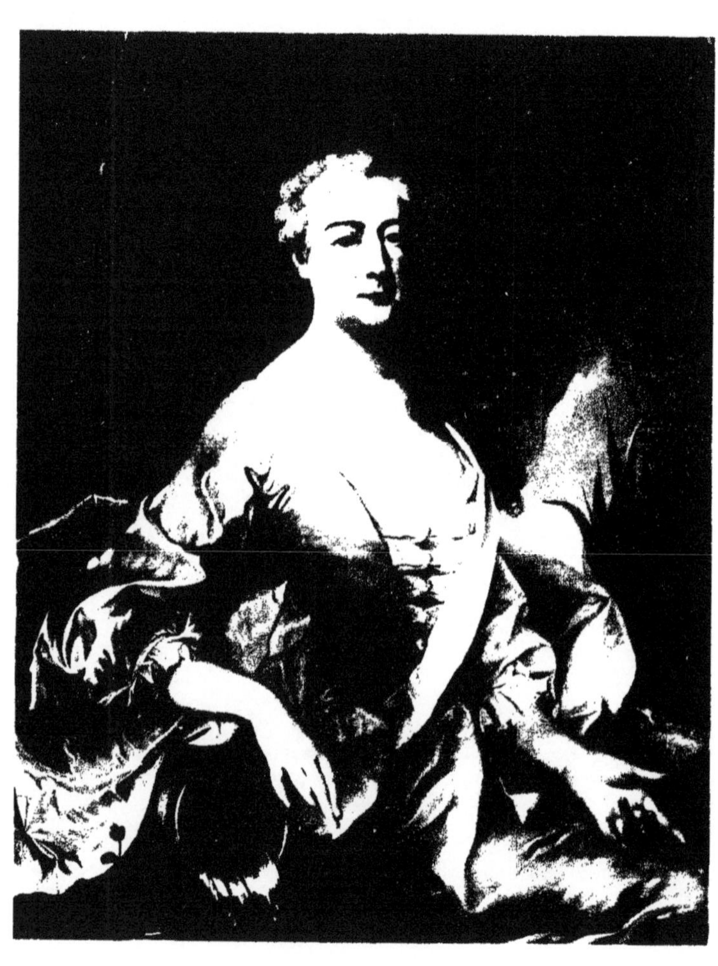

NONOTTE

(DONATIEN)

Besançon, 1708-1785.

40 — La Femme au chien.

Assise dans un fauteuil, coiffée d'un bonnet de mousseline et vêtue d'une robe rouge et d'une pèlerine bleue bordée de fourrure, elle tient un petit chien sur ses genoux couverts d'un pan du rideau jaune tendu sur le fond.

Toile. Haut., 80 cent.; larg., 65 cent.

Cadre en bois sculpté.

OSTADE

(Attribué à ADRIEN VAN)

41 — Intérieur d'estaminet.

Des villageois sont attablés, fumant ou buvant, écoutant un joueur de vielle accompagné d'un enfant jouant du violon.

Bois. Haut., 42 cent.; larg., 50 cent.

PALING

(ISAAC)

Ecole hollandaise, XVIIe siècle.

42 — Portrait d'homme.

A mi-corps, longue perruque bouclée, il retient de la main droite un pli de sa robe de chambre bleue, doublée de soie jaune.

Signé à droite et daté : *1707*.

Toile. Haut., 74 cent.; larg., 55 cent.

PATER

(JEAN-BAPTISTE-JOSEPH)

Valenciennes, 1696-1736.

43 — “ Le Mari cocu, battu et content ”.

Dans un parc éclairé par le clair de lune, messire Bon, revêtu d'une jupe rose, d'un bonnet et d'une chemise de mousseline, reçoit, sous la fenêtre de sa femme, les coups de gaule du galant.

Illustration du conte de La Fontaine.

Gravée par Filhœul.

Toile. Haut., 46 cent.; larg., 56 cent.

Cadre en bois sculpté.

Vente R. Vaile, Londres.

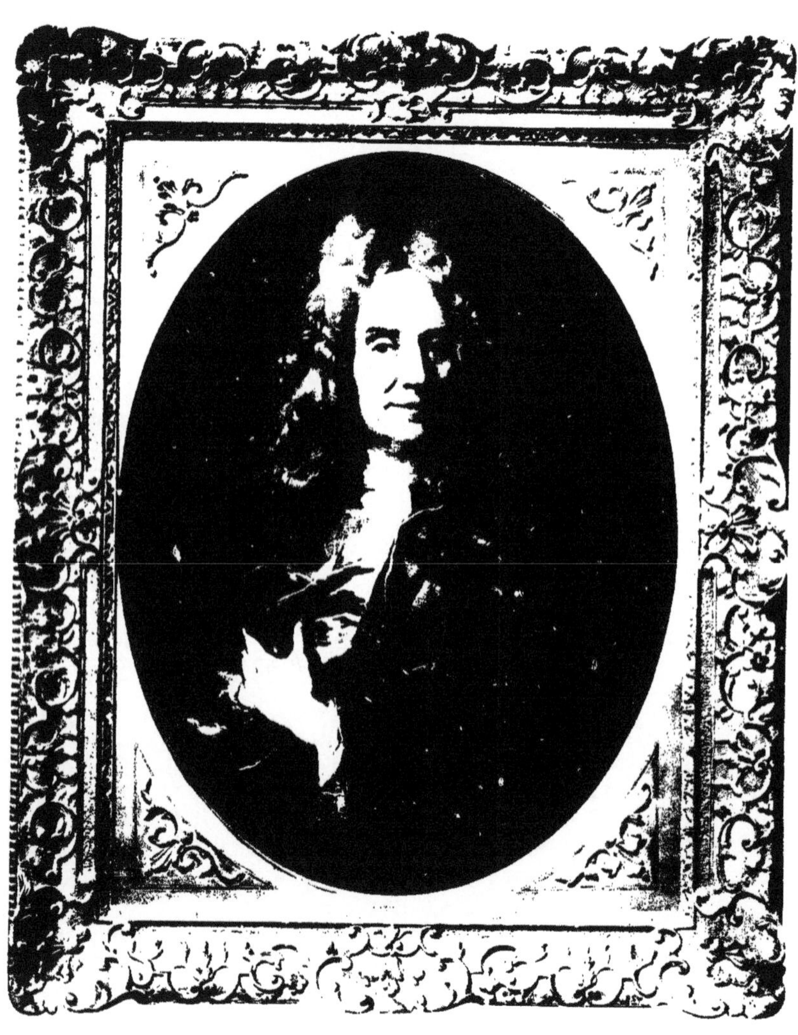

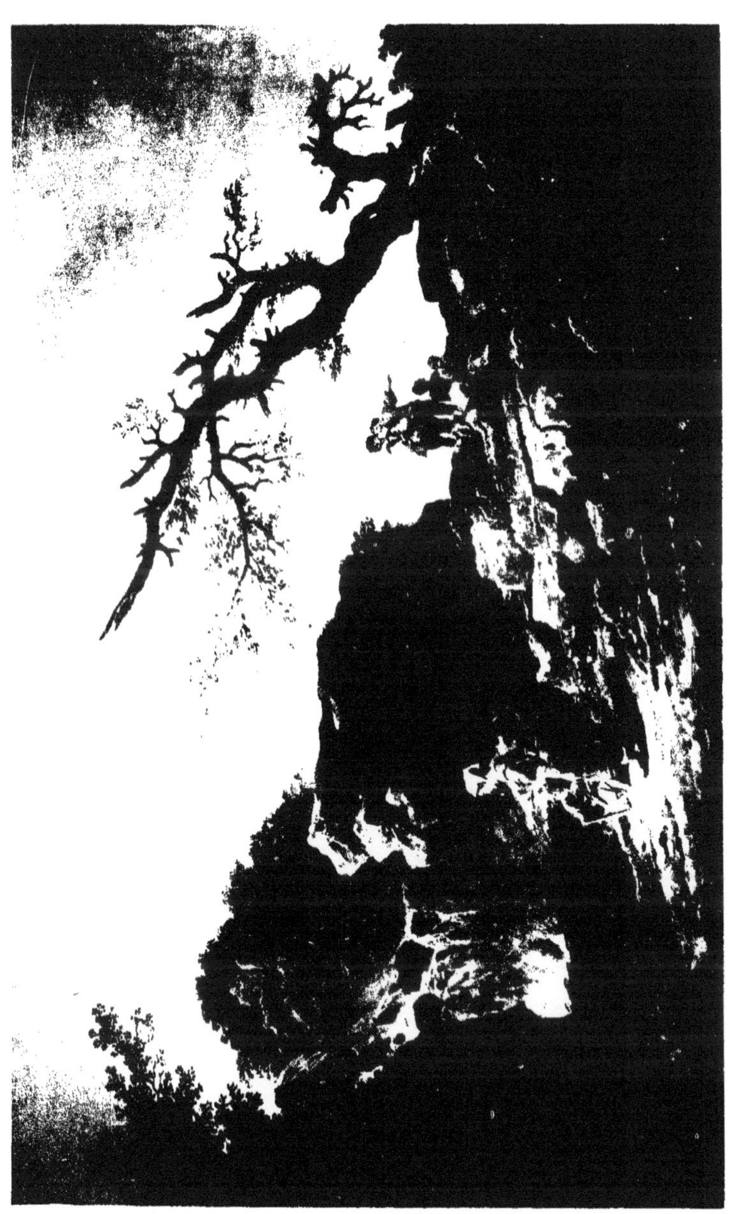

RIGAUD

(HYACINTHE)

Perpignan, 1659-1743.

44 — Portrait de Boileau.

A mi-corps, de trois quarts à gauche, les yeux fixés sur le spectateur, en grande perruque poudrée, il relève, de la main gauche appuyée sur la poitrine, un ample manteau marron doublé de soie bleue.

Toile. Haut., 78 cent. ; larg., 63 cent.

Cadre en bois sculpté.

ROBERT

(HUBERT)

Paris, 1733-1806.

45 — La Cascade.

Une paysanne, coiffée d'un fichu blanc, une jupe rouge retroussée autour de la taille, montre à un petit garçon blond une chute d'eau coulant entre des rochers.

A droite, sur un tertre, plusieurs villageois au repos près d'un grand arbre déraciné.

Très belle peinture du maître.

Toile. Haut., 91 cent.; larg., 1 m. 45.

ROSLIN

(ALEXANDRE)

Malmoë, 1718-1793.

46 — Gentilhomme portant un chien.

Il est représenté en buste, assis dans un fauteuil, coiffé d'une perruque poudrée et vêtu d'un habit gris.

Toile de forme ovale. Haut., 62 cent.; larg., 50 cent.

RUISDAEL

(JACQUES)

Haarlem, † 1681.

47 — **La Tempête.**

Un bateau à voile, luttant contre une mer démontée, vient se briser sur un récif s'élevant à droite, au milieu des flots écumants. Vers le fond, on aperçoit les constructions d'un port et au loin, sous les nuages sombres d'un ciel orageux, un autre bateau en péril.

Toile. Haut., 52 cent.; larg., 62 cent.

18

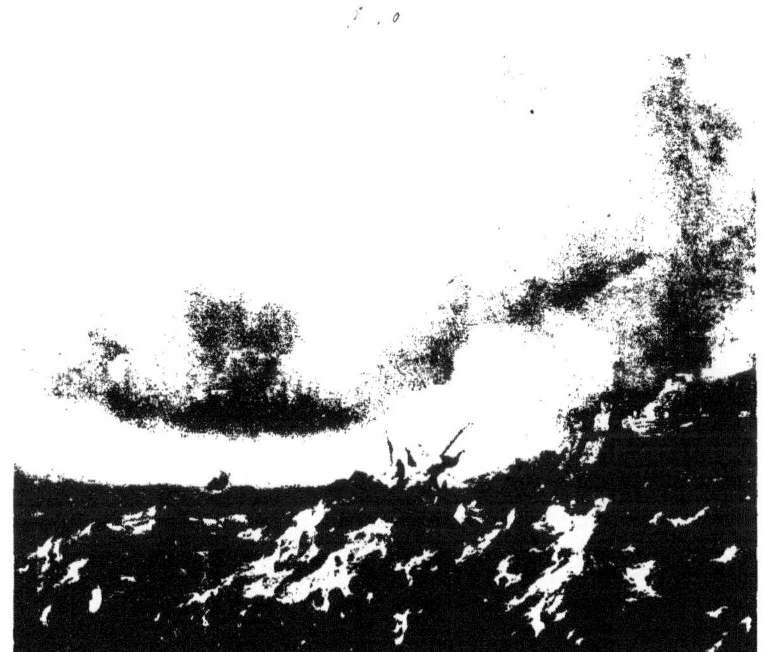

47

RUISDAEL

(Attribué à JACQUES)

48 — Le Pont de briques.

Un pont de briques traverse une rivière, coulant au centre entre deux rives boisées. Sur le pont, un pêcheur s'appuie sur une balustrade de bois. A droite, des canards; à gauche, une femme et un villageois accompagnée d'un chien sur une route conduisant à une habitation rustique. Ciel nuageux.

Toile. Haut., 70 cent.; larg., 92 cent.

RYCKAERT

(DAVID)

Anvers, 1612-1661.

49 — La Joyeuse compagnie.

Des villageois sont réunis dans un intérieur, autour d'une table. Un vieillard joue du violon.

Signé du monogramme.

Toile. Haut., 8[illegible] cent.; larg., 1 m. 10.

SANTERRE

(JEAN-BAPTISTE)

Magny, 1658-1717.

50 — Portrait de jeune femme.

Debout et accoudée sur un socle de pierre, elle est vêtue d'une robe de velours rouge décolletée et retient sur sa poitrine un voile de gaze drapé sur ses épaules.

Toile. Haut., 89 cent.; larg., 69 cent.

Cadre en bois sculpté.

SCHENEAU

(JEAN-ELÉAZAR)

Schenau, 1745-1807.

51 — **L'Heureuse famille.**

Dans un intérieur rustique, encombré d'ustensiles de ménage, un villageois au visage radieux tient dans ses bras deux petits enfants. Une jeune femme en bonnet blanc, assise, porte le dernier né. D'autres enfants jouent autour d'eux. Au centre, une jeune fille agenouillée tient un feuillet daté : *1800*.

Bois. Haut., 72 cent.; larg., 72 cent.

TILBORG

(GILLES VAN)

Bruxelles, 1625?-1678?

52 — **Intérieur d'auberge.**

Des paysans jouent aux cartes, d'autres boivent ou fument. A gauche, des enfants mangent une soupe posée sur un tabouret.

Signé et daté : *1654*.

Toile. Haut., 82 cent.; larg., 1 m. 12.

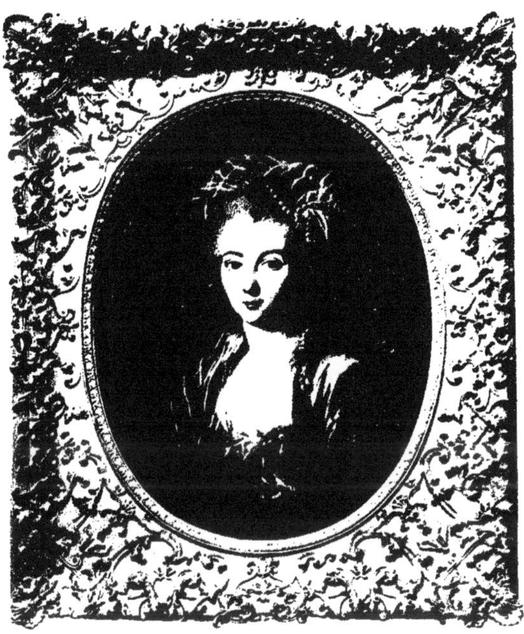

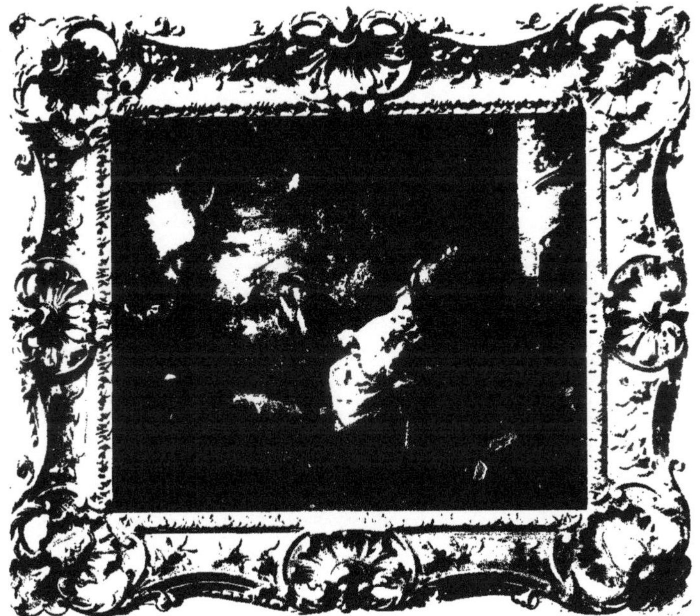

45

TISCHBEIN

(JEAN-HENRI-GUILLAUME)

Hainau, 1751-1829.

53 — **Portrait de jeune femme.**

Elle est représentée en buste, tournée vers la gauche, les cheveux relevés et poudrés, ornés d'une chaîne de perles et d'un voile de gaze tombant sur l'épaule, vêtue d'un corsage jaune décolleté, avec mantelet vert bordé de fourrure.

Signé au verso de la toile et daté : *Cassel, 1781.*

Toile. Haut., 50 cent. ; larg., 39 cent.

TOURNIÈRES
(ROBERT)
Ifs, 1668-1752.

54 — **Portrait d'homme.**

Assis dans un fauteuil, tourné vers la gauche, il est vu à mi-corps. En perruque bouclée et poudrée, habit marron brodé d'or, ouvert sur une chemise à jabot et manchettes de dentelle, il prend une prise dans une tabatière de nacre.

Toile. Haut., 90 cent.; larg., 72 cent.

Cadre en bois sculpté.

TOURNIÈRES
(ROBERT)

55 — **Portrait d'un magistrat.**

Il est vu à mi-corps, tourné vers la droite, coiffé de la perruque à marteau pendant sur sa robe violette aux larges manches bouffantes.

Toile de forme ovale. Haut., 72 cent.; larg., 58 cent.

TROY
(JEAN-FRANÇOIS DE)
Paris, 1679-1752.

56 — **Portrait de jeune femme.**

Les cheveux poudrés, ornés de bleuets, elle porte un manteau de soie bleue, sur une robe violette décolletée et brodée d'or.

Toile. Haut., 78 cent.; larg., 63 cent.

Cadre en bois sculpté.

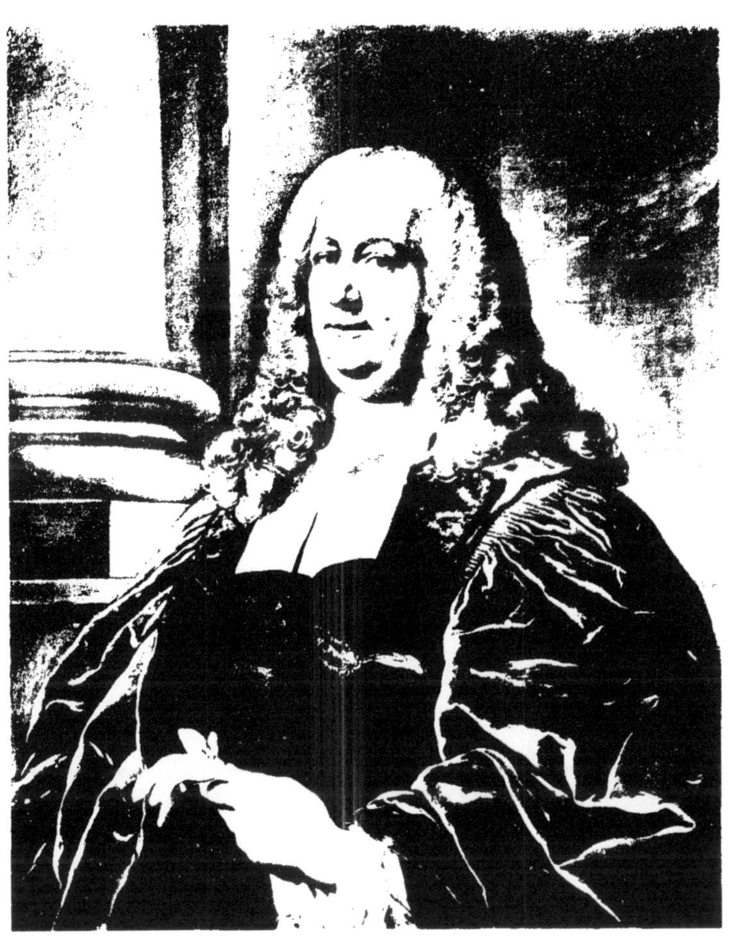

VAN LOO

(CARLE)

Nice, 1705-1765.

57 — Portrait d'un magistrat.

Coiffé d'une longue perruque bouclée, vêtu de la robe noire recouverte du large manteau de velours rouge, un chapeau de feutre galonné d'or sous le bras, un gant blanc à la main, il est représenté à mi-corps, tourné de trois quarts vers la gauche.

Très beau portrait, signé en toutes lettres.

Toile. Haut., 89 cent.; larg., 72 cent.

Cadre en bois sculpté.

VESTIER

(ANTOINE)

Avallon, 1740-1824.

58 — **Jeune femme en buste.**

Elle est représentée dans un médaillon, les cheveux bouclés sur le front et relevés sur la nuque, la poitrine découverte, une draperie rouge posée sur l'épaule et le bras droit.

Toile. Haut., 80 cent.; larg., 62 cent.

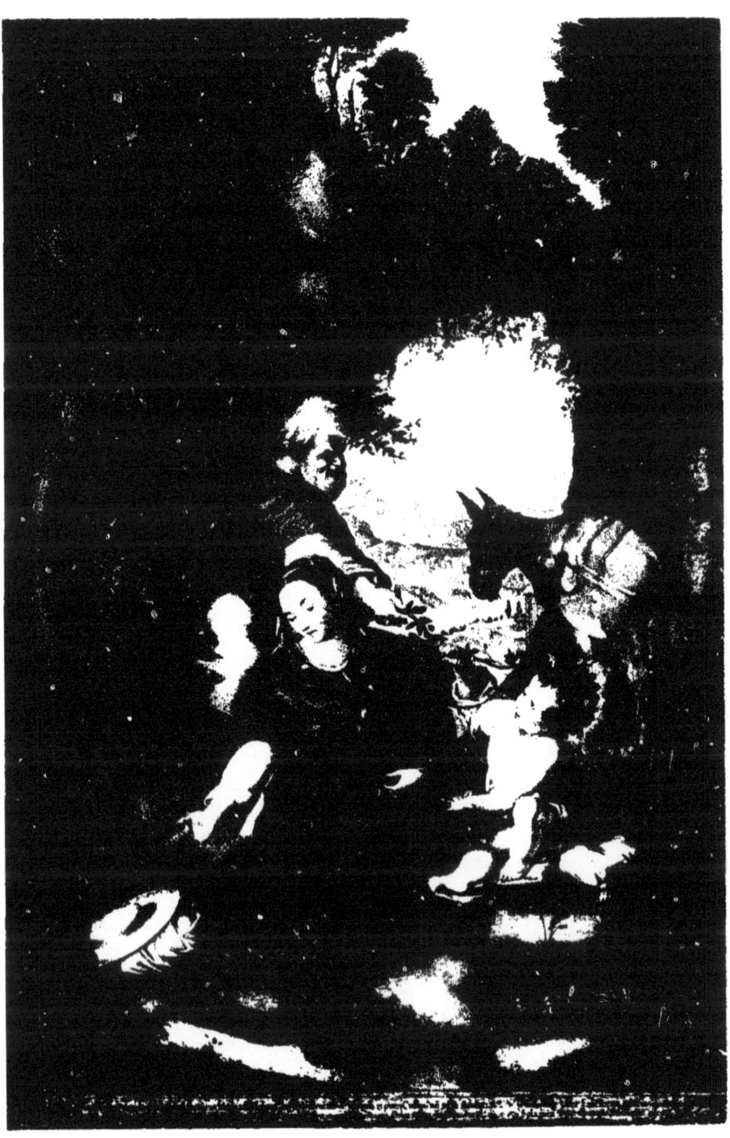

ÉCOLE FLAMANDE

(XVIe siècle)

59 — **Le Repos de la Sainte Famille.**

Elle est représentée sous une grotte. La Vierge est assise au centre, tenant une écuelle au-dessus d'une source. Saint Joseph tend une branche à l'Enfant Jésus assis sur un coussin.

Au second plan, l'âne chargé d'un bât. Fond de paysage avec constructions.

Toile. Haut., 90 cent.; larg., 60 cent.

ÉCOLE FRANÇAISE

(XVIIIe siècle)

60 — **Portrait de jeune femme.**

Vue de face à mi-corps, la tête inclinée sur la gauche, un bonnet blanc sur ses cheveux poudrés, elle est vêtue d'un corsage de satin bleu décolleté orné de fourrure et de nœuds de rubans blancs et tient un éventail.

Toile de forme ovale. Haut., 72 cent.; larg., 58 cent.

Cadre en bois sculpté.

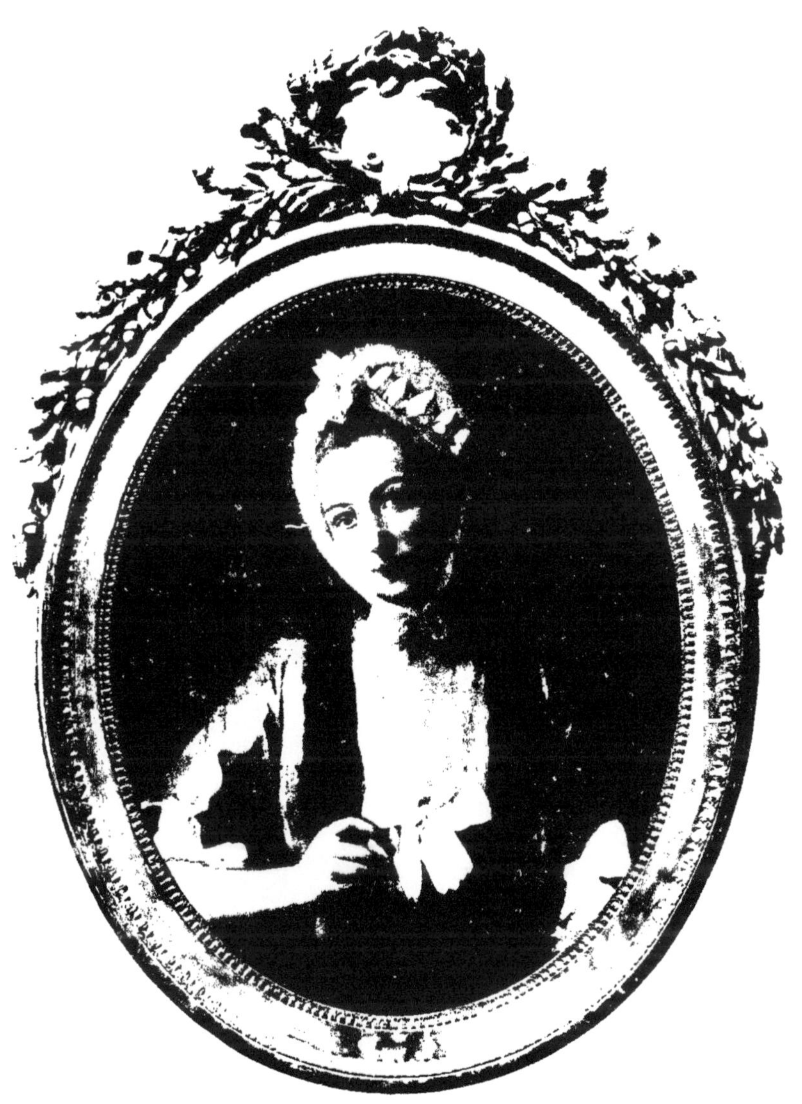

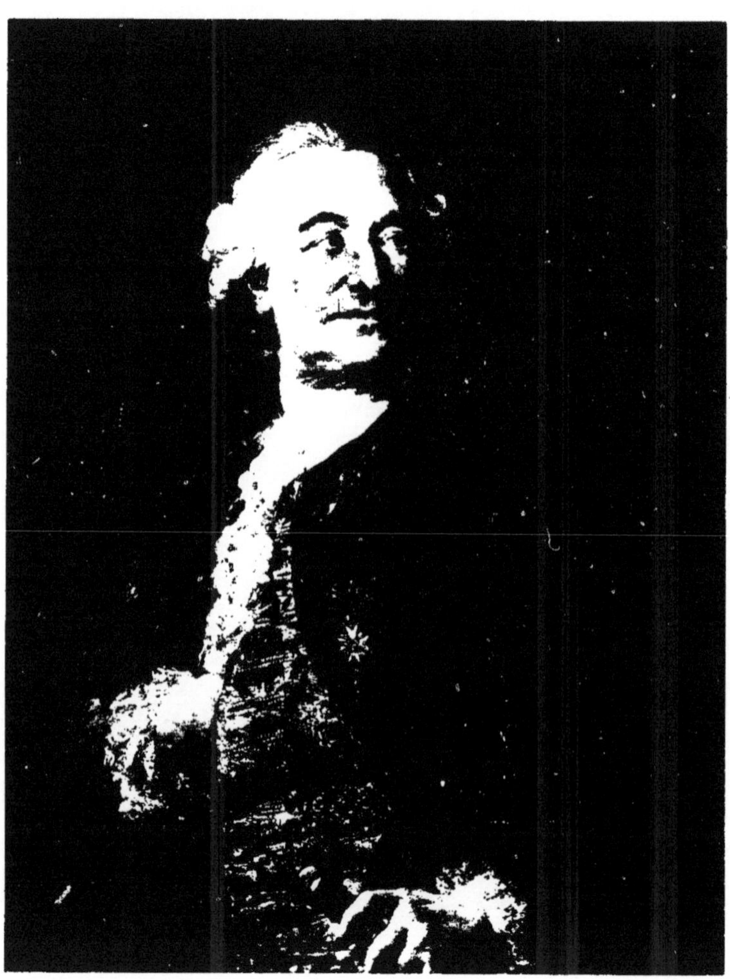

ÉCOLE FRANÇAISE

XVIIIe siècle

61 — Portrait d'homme.

Il est représenté à mi-corps, le visage souriant tourné vers la droite, les cheveux poudrés et bouclés, son chapeau noir galonné d'or sous le bras, tenant une canne de la main gauche, l'autre main passée dans l'ouverture d'un gilet brodé d'or, ouvert sur un jabot de dentelle. L'habit de velours rouge est orné de la croix de Saint-Louis.

Des connaisseurs éclairés ont reconnu dans ce beau portrait une œuvre de Watteau. Nous le considérons comme un tableau de tout premier ordre.

Toile. Haut., 90 cent.; larg., 72 cent.

Cadre en bois sculpté.

ÉCOLE FRANÇAISE

(XVIIIe siècle)

62 — **Le Rêve.**

Une jeune femme assise est endormie, la poitrine découverte, un bras accoudé sur une table où sont posés des fleurs et un collier de perles. Elle est coiffée d'un chapeau de mousseline, orné d'un voile de gaze que soulève un amour en la caressant avec un épi de blé.

Toile. Haut., 77 cent.; larg., 93 cent.

Cadre en bois sculpté.

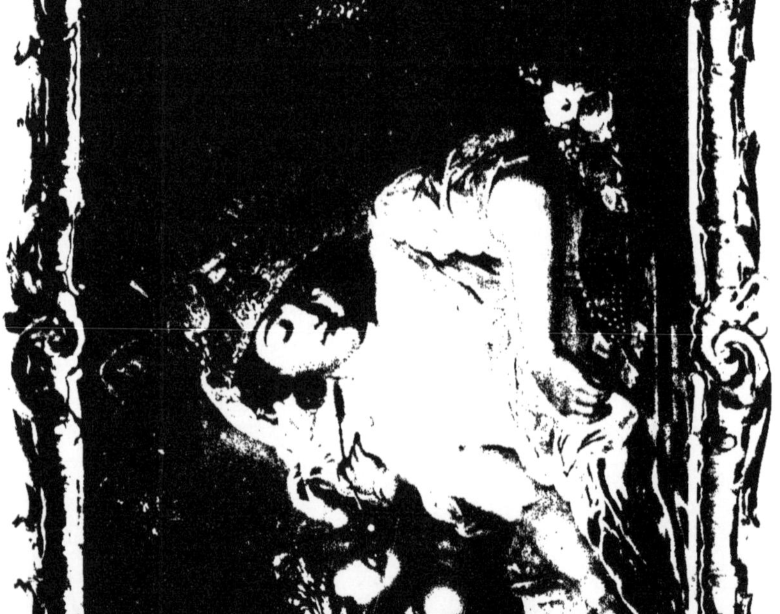

ÉCOLE FRANÇAISE

(XVIIIe siècle)

63 — **Cour de ferme.**

Deux jeunes femmes blanchissent du linge dans une grande cuve. Un jeune villageois les entretient. Plus loin, un autre jeune homme debout devant un puits. A gauche, du fourrage amoncelé dans une cour.

Toile. Haut., 44 cent.; larg., 56 cent.

ÉCOLE FRANÇAISE

(XVIIIe siècle

64 — **Portrait d'un numismate.**

En habit de soie lie de vin, il est assis dans un fauteuil, accoudé sur une table-bureau où est ouvert un traité historique des monnaies.

Toile. Haut., 90 cent.; larg., 71 cent.

Cadre en bois sculpté.

ÉCOLE FRANÇAISE

XVIIIe siècle)

65 — **Ruines et figures.**

Dans un parc, un artiste assis, tenant un carton sur ses genoux, deux hommes drapés d'amples manteaux. sont réunis sur une terrasse, près d'une statue de pierre. Dans le fond. deux autres personnages vus de dos: à droite, une colonnade en ruine.

Toile de forme ovale. Haut., 55 cent.; larg., 43 cent.

ÉCOLE FRANÇAISE

(xviiie siècle)

66 — **Conversation galante.**

Un gentilhomme vêtu de rouge, assis devant une table, a pris par la taille une servante tenant une bouteille et un verre de vin.

Toile. Haut., 28 cent.; larg., 34 cent.

Cadre en bois sculpté.

ÉCOLE HOLLANDAISE

(xviie siècle)

67 — **Portrait de jeune homme.**

Coiffé d'un chapeau de feutre sur ses cheveux blonds pendant sur les oreilles, une cravate noire autour du cou, vêtu d'un pourpoint marron à crevés sur fond blanc et manches grises, un manteau posé sur l'épaule droite, il tient des pincettes.

Belle peinture largement exécutée.

Toile. Haut., 69 cent.; larg., 55 cent.

ÉCOLE HOLLANDAISE

(xviie siècle)

68 — **La Promenade dans le parc.**

D'élégants personnages se promènent ou se reposent dans un parc orné au centre d'une statue sous une charmille.

Toile. Haut., 75 cent.; larg., 1 m. 15.

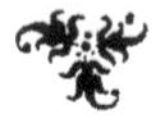

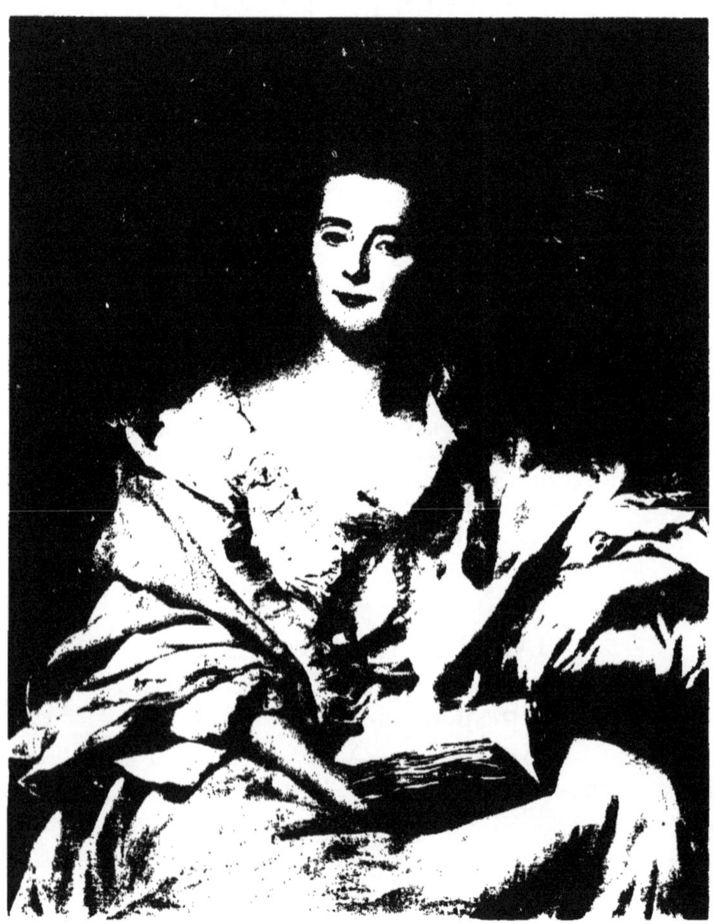

(٦١)

Tableau Ancien

APPARTENANT A M. X...

VAN LOO

(CARLE)

Nice, 1705-1765.

69 — **La Femme au livre.**

Vêtue d'une toilette d'intérieur en mousseline blanche, décolletée, les cheveux bouclés légèrement poudrés, ornés de fleurs des champs, elle est assise dans un fauteuil, le bras gauche accoudé sur un coussin bleu posé sur une table et tient de la main droite un livre entr'ouvert sur ses genoux.

Beau et charmant portrait en bel état de conservation.

Toile. Haut., 92 cent.; larg., 75 cent.

Cadre en bois sculpté.

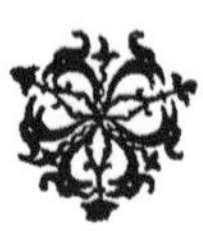

www.ingramcontent.com/pod-product-compliance
Ingram Content Group UK Ltd.
Pitfield, Milton Keynes, MK11 3LW, UK
UKHW020353180726
13839UKWH00003B/1079